ESSAI

SUR

LA PAIRIE,

PAR

AMABLE **MAINOT**,

NÉGOCIANT.

PARIS,

IMPRIMERIE DE DAVID,

BOULEVART POISSONNIÈRE, Nº 4 *bis.*

1831.

ESSAI

sur

LA PAIRIE.

———

Depuis long-temps nous jouissons de la liberté de la presse; cependant cette liberté, qu'il est si raisonnable de chérir, trouve aujourd'hui beaucoup de contradicteurs. La raison en est que ce droit, qui appartient à chaque citoyen, est devenu pour quelques-uns seulement un moyen de produit et de fortune. Les matières politiques ne sont guère traitées que par des journalistes, et sous l'influence du journal pour lequel ils travaillent. Ces entreprises ne sont créées que dans l'espoir d'un bénéfice; par conséquent, nécessité, pour ces écrivains, de flatter l'opinion des masses au lieu de les calmer, de les égarer au lieu de les instruire.

Aussi, depuis long-temps ne voyons-nous plus paraître de ces grands ouvrages qui donnent beaucoup de mal et peu d'argent, de ces grandes

4

conceptions, comme on en voyait dans le siècle précédent. La littérature s'est rétrécie, on traite tous les sujets avec une légèreté telle qu'à présent elle est à portée de tout le monde.

Cependant peu de gens en profitent, et les idées utiles, les considérations élevées qui apparaissent dans la conversation de quelques hommes sont entièrement perdues, tandis que la liberté de la presse n'est juste et raisonnable que pour les recueillir.

Donc, pour que la liberté de la presse soit vraiment utile, il faut encourager chacun à en profiter, à surmonter la fausse honte de se faire imprimer. Quiconque a une idée neuve, qu'il croit bonne, doit la publier, ou il n'est pas digne de jouir de cette liberté. Elle ne doit exister que pour enrichir la patrie de l'intelligence de tous les citoyens.

Ce sont ces considérations qui me font prendre la plume pour la première, et sans doute pour la dernière fois de ma vie. Il va se résoudre une question, celle de la Pairie, d'où peut dépendre le sort de ma patrie. Je crois avoir une idée utile à faire connaître; je dois le faire sans m'inquiéter de ce qu'il en peut résulter; heureux si je puis seulement faire apprécier mes intentions.

Tout le monde est d'accord sur la nécessité d'une Pairie. C'est une de ces institutions qu'on peut bien ne pas aimer, mais dont on est forcé de reconnaître l'utilité.

En effet, bien qu'elle établisse parmi les citoyens une inégalité, qui d'abord blesse l'orgueil, on sent que le trône, privé d'appui, ne pourrait rien refuser aux exigences d'une Chambre unique, fière de son pouvoir et de sa popularité.

La Pairie a donc pour objet de balancer la prépondérance de la Chambre des Députés. Pour qu'elle puisse le faire avec succès, il faut que les avantages de celle-ci soient compensés dans l'autre par des avantages équivalens.

Ainsi, si la Chambre des Députés recueille une immense popularité, de ce que ses membres sont nommés directement par les citoyens, il faut qu'il existe, pour former celle des Pairs, une combinaison aussi nationale; autrement sa puissance serait toujours au-dessous de celle de la Chambre des Députés. Et s'il est de la nature de celle-ci de délibérer avec tout l'emportement et toute la vivacité du peuple, dont elle émane au premier degré, l'autre, en compensation, doit mettre dans ses travaux autant d'indépendance, mais plus de gravité, de prudence et de maturité.

La pairie, pour être utile, doit donc être puissante ; et, pour être puissante, être indépendante et nationale, ses membres d'une expérience et d'une capacité notoires.

La Pairie actuelle n'est aussi vivement attaquée, malgré ses nombreuses illustrations, que parce qu'elle est anti-nationale en ce qu'elle tend à conserver parmi les Français des distinctions nobiliaires dont ils ne veulent plus, et dont la restauration a combattu vainement la répugnance pendant quinze années.

L'hérédité, gage de l'indépendance de la Chambre actuelle, a l'inconvénient de faire revivre des priviléges nobiliaires que l'opinion repousse.

Le droit qu'a le Roi de faire des Pairs à volonté, seul moyen de conserver l'harmonie dans les pouvoirs de l'état, n'est pas moins impopulaire et pourrait dégénérer en abus sous un prince moins éclairé que celui que nous avons le bonheur de posséder.

Donner aux Chambres le pouvoir de revenir sans cesse sur l'organisation de celle des Pairs peut être nécessaire aujourd'hui avec la Chambre actuelle des Députés et l'esprit public du moment ; mais, certes, ce sont de grands inconvéniens de ne pas trancher définitivement une question si grave, de conserver à l'opinion vaincue l'espoir d'un plus heureux succès, et de priver l'un des grands pouvoirs de l'État de ce caractère de fixité si nécessaire à sa prépondérance. Cela me semble d'ailleurs contre l'esprit de la Charte qui prescrit à la session de 1831, et non à d'autres, de reviser l'article 23.

Cependant, malgré leurs antipathies, il existe parmi les Français, comme parmi tous les autres hommes, des distinctions qu'ils ne peuvent et ne veulent pas repousser. Ce sont celles du talent, du mérite et de la vertu. Celles-là subsistent et subsisteront toujours sans offusquer personne.

C'est avec les hommes doués de ces mérites qu'il faut composer une Pairie, pour la rendre nationale. Ces hommes ne sont-ils pas d'ailleurs les hommes puissans de nos jours ? N'ont-ils pas partout des droits de préséance incontestables et incontestés ? N'est-ce pas sans cesse vers eux que se tournent les regards de leurs concitoyens dans les temps de calamité ? Ce sont les nobles et les hauts barons d'aujourd'hui.

C'est ainsi que, dans les journées de juillet, le

peuple instinctivement obéit à la voix des jeunes élèves de l'Ecole polytechnique.

C'est ainsi que toute la France accepta sans contradiction le Roi et la Constitution, que des hommes, revêtus de sa confiance, ont cru devoir lui donner.

Voici donc comment je propose de rédiger l'art. 23 de la Charte :

1° Seront Pairs de France, pendant toute leur vie, les présidens de la Chambre des Députés et autres assemblées législatives ;

Les Députés trois fois élus, ou six ans d'exercice ;

Les Maréchaux et Amiraux de France ;

Les Lieutenans-Généraux et Vice-Amiraux ;

Les anciens Ministres à département ;

Les Ambassadeurs, après trois ans de fonctions ;

Les Conseillers-d'Etat, après dix ans d'exercice ordinaire ;

Les Préfets de département et Préfets maritimes, après dix ans d'exercice ;

Les Gouverneurs coloniaux, après cinq ans de fonctions ;

Les Membres des Conseils généraux électifs, après trois réélections à la présidence ;

Les Maires des villes de 5o,ooo âmes et au-dessus , pris dans les conseils municipaux élec-tifs , après cinq ans de fonctions ;

Les Présidens de la Cour de Cassation ;

Les Conseillers maîtres de la Cour des Comptes, après cinq ans d'exercice ;

Les premiers Présidens des Cours Royales, après cinq ans de magistrature dans les Cours ;

Les Procureurs-Généraux près ces mêmes Cours, après dix ans de fonctions ;

Les Membres des quatre académies de l'Insti-tut ;

Les citoyens qui , par une loi , et à raison d'éminens services, auront reçu nominativement une récompense nationale ;

Les Présidens des tribunaux de Commerce , après trois élections et six ans de fonctions ;

Les Juges près les mêmes tribunaux , après quatre élections et douze ans de fonctions ;

Les Colonels de garde nationale , après trois élections et neuf ans de fonctions ;

Les Cardinaux et Archevêques ;

Les Grands-Officiers de la Légion-d'Honneur ;

2.º Les Pairs ne pourront perdre leurs titres

et leurs droits que par des jugemens emportant des peines afflictives et infamantes ;

3° Les Pairs s'assembleront tous les sept ans , à Paris, et choisiront entre eux ceux qui doivent prendre part aux délibérations de la Chambre des Pairs ;

4° Elle sera composée de 250 membres ;

5° Ce nombre s'augmentera :

Des Princes du sang ;

Des Maréchaux de France ;

Des Présidens de la Cour de Cassation ;

Du Président de la Cour des Comptes ;

Du Chancelier de la Légion-d'Honneur ;

Des Cardinaux.

Il auraient à la Chambre entrée de droit et voix délibérative sans concours.

6° Le Roi pourra dissoudre la Chambre des Pairs, les deux Chambres à la fois, ou séparément.

7° Les Pairs peuvent être membres de la Chambre des Députés; mais, pendant la durée de leurs fonctions, ils ne peuvent exercer celles de Pair.

8° Les Pairs composant la Chambre actuelle continueront de siéger pendant sept ans, et les Pairs manquant seront choisis par le Roi parmi les nouveaux Pairs. Dans sept ans, il sera procédé à un renouvellement intégral.

***

Ce projet a pour but d'élargir le cercle de la Pairie, d'en ouvrir la porte à toutes les capacités et de les intéresser à sa conservation, de légaliser et d'acquérir à son profit toutes les illustrations, de fonder enfin son existence sur une combinaison qui tienne à-la-fois à la couronne et à l'élection populaire, mais indirectement et de manière à établir une fusion parfaite entre ces deux principes.

Le grand nombre de Pairs serait sans inconvénient, dès qu'ils ne prendraient pas tous place à la Chambre. Ce ne serait pas créer des distinctions, ce serait les reconnaître telles qu'elles surgissent dans la société.

N'est-il pas constant que ceux qui ont exercé pendant long-temps d'éminentes fonctions et qui ont reçu les suffrages réitérés du prince ou de leurs concitoyens, ont des droits à notre estime et à notre considération ; qu'ils dominent dans la société sans exciter de murmure.

Mais, comme dans toutes élections il peut se

rencontrer des jalousies, des prétentions exagérées, de l'esprit de parti, il est convenable d'y introduire forcément des membres qu'on regretterait de ne pas y voir figurer : comme les Maréchaux et Amiraux de France, les premiers Magistrats et les Cardinaux.

Il serait désirable que des Ministres de tous les cultes reconnus en France y fussent appelés ; mais, comme parmi eux il n'existe pas de sommités comme dans celui de la religion de la majorité des Français, on ne peut les y comprendre. Il leur restera les voies communes à tous les autres citoyens.

Toutefois, il faut l'avouer, une telle combinaison ne serait pas sans danger dans les circonstances actuelles ; la plupart de ces Pairs ayant acquis leurs droits à la pairie pendant la restauration, il est naturel de supposer que beaucoup d'entre eux conservent des regrets pour le gouvernement qu'ils ont servi, et qu'ils pourraient les apporter dans une élection subite. J'y rémédie par une disposition transitoire, en conservant pendant sept ans la présente Chambre des Pairs, dont les membres ont tous juré fidélité au roi et à la Charte nouvelle, et en la faisant compléter par d'autres au choix du Roi. A cette époque, il sera formé de nouveaux Pairs, dont l'influence ne laissera plus rien à redouter de celle des anciens. Au surplus, cet inconvénient du moment fait ressortir encore les avantages de mon projet; car, si les regrets et les souvenirs de ceux qui ont dominé pendant la restauration sont à craindre aujourd'hui, l'on en doit conclure que ceux qui se seront distingués sous le régime actuel, seront autant disposés à le soutenir.

D'un autre côté, comme la Pairie s'emparerait de toutes les capacités, il serait absurde de priver la Chambre des Députés de leurs lumières. Les Pairs pourraient donc être nommés députés; mais, dès ce moment, ils ne pourraient exercer les fonctions de Pairs, afin de bien conserver l'indépendance et la division des pouvoirs.

Le principe de durée, que réclame justement M. Bérenger pour la Chambre des Pairs, existe puisqu'elle ne peut jamais périr; les Pairs se renouvelant sans cesse par la force des choses.

L'esprit public sera satisfait, car cette organisation est toute nationale.

L'hérédité ne saurait mieux assurer son indépendance. Il est évident que quelques efforts que l'on fasse pour y surprendre une majorité, et qu'au bout des sept ans, on en perdrait le fruit, d'autres Pairs étant appelés à délibérer.

Sa puissance ne peut jamais entraver la marche des affaires, car le Roi aurait le droit de la dissoudre et d'en convoquer une autre quand il le jugerait à propos.

Elle ne peut point devenir hostile au pouvoir exécutif, car les membres, étant pour la plupart des gens honorés de la faveur du prince et ayant excercé des fonctions assez élevées pour connaître l'importance de leurs délibérations, n'amèneront jamais, par une résistance obstinée et irréfléchie, une perturbation qui mettrait en péril les avantages qu'ils recueilleront de leur situation.

Chaque contrée, chaque profession y ayant accès, il y aurait de quoi satisfaire toutes les localités et toutes les ambitions.

Le titre de Pair serait considéré et envié, car il serait la distinction légale des grandes capacités et des grandes vertus.

Cette Chambre ne pourrait manquer d'avoir une grande prépondérance, puisque ses lumières et son indépendance ne pourront être contestées par personne, et qu'elle sera soutenue par tout ce qu'il y aura d'illustre en France.

Cette prépondérance balancera suffisamment

celle de la Chambre des Députés, puisque celle-ci sera composée dans ses sommités presqu'entièrement de Pairs de France, et que ses autres membres ne pourront rien désirer de plus honorable que de le devenir.

Ainsi sera trouvée cette solution tant cherchée, la balance véritable des pouvoirs de l'Etat.

FIN.

www.ingramcontent.com/pod-product-compliance
Ingram Content Group UK Ltd.
Pitfield, Milton Keynes, MK11 3LW, UK
UKHW020126100726
13658UKWH00005B/2383